LLYFR JÔCS y LOLfa

Meinir Wyn Edwards (gol.)

yLolfa

Diolch i bob un a wnaeth anfon ei hoff jôc, a diolch yn arbennig i
Ysgol y Gelli, Caernarfon am anfon llond sach.

Diolch hefyd i Dewi Pws ac am gydweithrediad parod
Urdd Gobaith Cymru a staff cylchgrawn *Cip*.

Argraffiad cyntaf: 2011
Ail argraffiad: 2013

© Hawlfraint Y Lolfa Cyf., 2011

Dymuna'r cyhoeddwyr gydnabod cymorth ariannol
Cyngor Llyfrau Cymru

Cartwnau a'r clawr: Huw Aaron

Rhif Llyfr Rhyngwladol:
978 1 84771 319 3

Cyhoeddwyd, argraffwyd a rhwymwyd yng Nghymru
gan Y Lolfa Cyf., Talybont, Ceredigion SY24 5HE
e-bost ylolfa@ylolfa.com
gwefan www.ylolfa.com
ffôn (01970) 832 304
ffacs 832 782

Cynnwys

Gair i godi gwên

Pan o'n i'n fachgen naw mlwydd oed, ro'n i'n dwli mynd i'r ysgol. Nid achos bo fi isie dysgu unrhyw beth, ond achos bo fi isie rhannu'r jôcs diweddara gyda fy ffrindiau. Y jôcs gore oedd y rhai â diweddglo annisgwyl neu wahanol. Fy hoff gomedïwr i erioed yw Tommy Cooper, ac mae ei jôcs e i gyd bron yn perthyn i feddwl plant. Ma'n nhw'n dwp, yn ddibwrpas ac yn wirion – dim clyfrwch, does dim i wneud i chi feddwl yn ddwfn, 'mond JÔCS i godi gwên!

Mae cerddi dwl yn eich cadw chi'n ifanc, ac rwy'n hollol sicr bo chi'n cadw'n iach wrth chwerthin. Mae rhai pobol yn byw eu bywydau heb wenu, ac ân nhw byth i'r nefoedd, achos y cwestiwn cynta y bydd Sant Pedr yn gofyn wrth y gatiau mawr yw "Beth yw'ch hoff jôc chi?" ac os na fyddwch chi'n neud iddo fe wenu bydd e'n hala chi 'nôl i'r Ddaear i fyw am byth – yn Rhyl!

Gobeithio neith rhai o'r jôcs a'r cerddi yn y llyfr 'ma eich helpu chi i weld ochor ddoniol bywyd. Ond peidiwch â gwenu gormod – bydd pobol yn meddwl bo chi wedi neud rhywbeth amheus!!!

JOIWCH!!

Dewi Pws
Tachwedd 2011

HOFF JÔCS DEWI PWS

Es i at y barbwr a gofyn "Faint yw e i
dorri 'ngwallt i?"
    "Ugain punt," medde fe.
    "A faint yw e am shafo?"
    "Pum punt."
    "Reit, shafwch 'y mhen i!!"

Gofynnes i fachgen bach naw mlwydd
oed, "Taset ti'n cael dy adael ar ynys
bellennig, filoedd o filltiroedd o unrhyw
le, pa UN person faset ti isie gyda ti?"
    "Wncwl Iestyn," medde fe.
    "Pam Wncwl Iestyn?" medde fi.
    "O," medde fe, "ma cwch 'da fe!!"

Es i mas â'r teulu am fwyd
neithiwr, ac archebes i bopeth
yn Ffrangeg. Synnes i bawb –
ro'n ni mewn bwyty Indiaidd!

Ble mae esgimos yn mynd i'r tŷ bach? Yn yr ig-lŵ!!

Roedd dau hen foi 90 mlwydd oed yn cael sgwrs, ac medde'r cynta:

"Wil, rwy'n 90 oed ac rwy'n llawn poene, arthritis, gwynegon a blinder... Rwyt ti 'run oedran â fi – shwt wyt ti'n teimlo?"

"Fel babi newydd," medde Wil.

"Wir? Fel babi newydd?"

"Ie!" medde Wil. "Dim gwallt, dim dannedd ac rwy newydd wlychu 'mhans!"

Hen foi yn dweud wrth ei ffrind:

"Rwy newydd brynu *hearing aid* – un drud iawn, yr un gore erioed. Mae'n wyrthiol!"

"O," medde'i ffrind. "Faint gostiodd e?"

"Chwarter wedi naw!"

Ffones i hen ffrind wthnos ddwetha ac atebodd ei fab saith mlwydd oed y ffôn.

"Helô," medde fi.

"Helô," medde fe.

"Beth wyt ti'n neud?" medde fi.

"O," medde fe, "dwi'n gorwedd dan y gwely."

"Neis iawn," medde fi. "Ga i siarad gyda dy dad?"

"Na," medde fe, "ma Dad yn fishi."

"O wel, beth am Mam?"

"Na, ma hi'n fishi hefyd."

"O, oes rhywun arall yn y tŷ 'te?"

"Oes," medde fe, "Mam-gu a Dad-cu."

"Reit, ga i siarad gyda nhw?"

"Na, ma nhw'n fishi hefyd!"

"Wel, beth ma nhw i gyd yn neud???"

"Whilo amdana i!!!"

Sdim llawer o le yn Nhresaith i gadw'ch car chi – ond sortes i'r broblem yn hawdd. Prynes i gar oedd wedi parcio'n barod!

Fe brynes i felt a bag i'r wraig y Nadolig 'ma. Ma'r Hoover yn gweithio'n iawn hyd yn hyn!!

Bwres i'r boi 'ma lawr gyda 'meic i wthnos ddwetha.
"Smo ti'n gallu canu'r gloch?" medde fe.
"Odw," medde fi. "Y trwbwl yw, dwi ffili reidio'r beic!"

Wedi'i sgrifennu ar wal tŷ bach y merched –

Ma Twm Jôs yn dilyn fi i bobman.

Ac wedi'i sgrifennu odano fe –

Nagw ddim!!

Cnoc Cnoc

Cnoc cnoc!
Pwy sy 'na?
Nain.
Nain pwy?
Naintendo!

Cnoc cnoc!
Pwy sy 'na?
Dani.
Dani pwy?
Dan ni 'di gorffen!

Cnoc cnoc!
Pwy sy 'na?
Tudur.
Tudur pwy?
Ty'd i'r ffenest i weld!

Cnoc cnoc!
Pwy sy 'na?
Ceri.
Ceri pwy?
Cer i grafu!

Ellyw Jones, Ysgol Llanfair Caereinion

Cnoc cnoc!
Pwy sy 'na?
Dai.
Dai pwy?
Da i 'nôl wedyn!

Cnoc cnoc!
Pwy sy 'na?
Jim.
Jim pwy?
Jim ots!

Cnoc cnoc!
Pwy sy 'na?
Mai.
Mai pwy?
Mae'n rhaid i ti agor y drws!

Cnoc cnoc!
Pwy sy 'na?
Tim.
Tim pwy?
Ti'm yn gwybod?!

Cnoc cnoc!
Pwy sy 'na?
Menna.
Menna pwy?
Me 'na rywun wrth y drws!

Cnoc cnoc!
Pwy sy 'na?
Mal.
Mal pwy?
Ma'l dlws 'ma'n neis!

Cnoc cnoc!
Pwy sy 'na?
Megan.
Megan pwy?
Me gan Alun feic newydd.

Cnoc cnoc!
Pwy sy 'na?
Ceri.
Ceri pwy?
Cer i agor y drws a gei di weld!

Gwenno, Ysgol Gymraeg Aberystwyth

Cnoc cnoc!
Pwy sy 'na?
Dyf.
Dyf pwy?
Dyfala!

Cnoc cnoc!
Pwy sy 'na?
Rhodri.
Rhodri pwy?
Rho dri chynnig i
Gymro.

Cnoc cnoc!
Pwy sy 'na?
Cnoc cnoc!
Pwy sy 'na?
Cnoc cnoc!
Cnoc cnoc pwy?
Cnoc cnocell y coed!

Elain Rhun, Ysgol y Talwrn

Cnoc cnoc!
Pwy sy 'na?
Dafydd.
Dafydd pwy?
Da fydd gorffen y
gwaith peintio 'ma!

Byddet ti'n nabod fi mewn 5 diwrnod?
Bydden, wrth gwrs.
Byddet ti'n nabod fi mewn 5 wythnos?
Bydden, wrth gwrs.
Byddet ti'n nabod fi mewn 5 mlynedd?
Bydden, wrth gwrs!
Cnoc cnoc!
Pwy sy 'na?
Ro'n i'n meddwl bod ti'n nabod fi!!

Cathrin Nia Jones, Ysgol Dyffryn Teifi

Cnoc cnoc!
Pwy sy 'na?
Me me.
Me me pwy?
Me me bach – ond dim
ar gyfer cinio dydd Sul!

Cnoc cnoc!
Pwy sy 'na?
Doli.
Doli pwy?
Dolig llawen!

Cnoc cnoc!
Pwy sy 'na?
Caio.
Caio pwy?
Caio drws, mae'n oer!

O, DWI'N SÂL!

Beth wyt ti'n neud pan mae Taid yn sâl?
Ffonio Nain, Nain, Nain!
Owain Williams, Dyffryn Conwy

Doctor, doctor, fi'n meddwl bod angen sbectol arna i!
Oes, achos llyfrgell yw hon!

**Pam aeth y banana at y doctor?
I dynnu ei groen!**
Jasmine Owen, Ysgol Dinbych y Pysgod

Doctor, doctor, mae pawb
yn meddwl 'mod i'n dweud
celwydd o hyd.
Na, dwi ddim yn dy gredu di!

Doctor, doctor, dwi'n teimlo fel seren.
Alla i ddim dy weld di nawr. Dere
'nôl pan mae'n dywyll!

Doctor, doctor, dyw fy ngolwg i ddim yn dda.
Na, mae hynny'n amlwg. Siop yw hon!

Doctor, doctor,
dwi wedi llyncu
neidr.
Sut ti'n teimlo?
Sssâl!

Doctor, doctor, mae fy llygad i'n brifo bob tro dwi'n yfed te. Wel, tynna'r llwy mas gynta!

Doctor, doctor, dim ond 3 munud sydd gen i i fyw! Be wna i? Berwi wy?!

Doctor, doctor, mae fy chwaer
yn cael trafferth bwyta.
Pam?
Dyw hi ddim yn stopio siarad!

Doctor, doctor, mae fy nghoes dde
i'n brifo bob bore pan dwi'n codi.
Wel, peidiwch â chodi tan y
prynhawn 'te!

Doctor, doctor, fe syrthiais i allan o
ffenest fy ystafell wely neithiwr.
O diar, ydych chi wedi brifo?
Na, dwi'n byw mewn byngalo!

Doctor, doctor, dwi'n
meddwl mai bisgeden ydw i.
Wel, chi'n swnio'n cracyrs i fi!

**Doctor, doctor, dwi'n dechre colli fy nghof.
Ers pryd ry'ch chi wedi dechre'i golli?
Colli be?**

Doctor, doctor, dwi'n meddwl mai ci ydw i.
O diar. Ewch i'r stafell drws nesa a
gorweddwch ar y gwely.
Na, dwi ddim yn cael dringo ar y celfi!

Doctor, doctor, dwi'n chwyrnu mor swnllyd
fel 'mod i'n deffro fy hunan bob nos.
Wel, trïwch gysgu yn y stafell sbâr!

**Doctor, doctor, dwi wedi
llyncu pensil!
O, peidiwch poeni. Gewch
chi fenthyg fy mhensil i!**

Doctor, doctor, dwi'n teimlo fel
coeden Nadolig.
Dim ond dos o tinselitis sydd arnat ti!

MOCH

Pam mae moch yn Aber-soch
Wedi peintio'u hun yn goch?
Am eu bod nhw'n wirion bost
Ac eisiau bod yn faniau post!

**PAM MAE MOCH BACH YN NHRE-OES
YN GWISGO MENIG AM DDWY GOES?
ER MWYN CAEL CHWARAE – DYNA PAM –
YN Y GÔL I DÎM WRECS-HAM!**

Pam mae moch bach o Lys-wen
Yn gwisgo letus am eu pen?
Er mwyn twyllo pobl Llandrindod
Eu bod yn foch bach gwyrdd o'r gofod!

Pam mae moch y Felinheli
Yn crynu wrth edrych ar y teli?
Maen nhw'n teimlo'n ofnus braidd
'Rôl gweld y Gêmau Olymp-blaidd!

Pam mae moch bach ym Mryn-mawr
Weithiau i fyny, weithiau i lawr?
Am eu bod nhw, bob nos Lun,
Yn neidio ar yr ham-polîn!

**PAM MAE MOCH O BENRHIW-PÂL
YN GORWEDD YN Y GWELY'N SÂL?
MAEN NHW WEDI TAFLU I FYNY
AR ÔL SBONCIO AR RAFF BYNJI!**

Sut mae moch bach Porth-y-rhyd
Yn gallu fforddio pethau drud?
Drwy gadw pob un geiniog goch
Yn eu cadw-mi-gei siâp moch!

Pam mae moch bach o Fiwmares
Yn mynd â bob i lwy i Baris?
Er mwyn bwyta llond eu bol
O'r Tŵr mawr Treiffel. Dyna lol!

Sut mae moch bach yng Ngwersyllt
Yn gwneud eu mam yn gacwn gwyllt?
Drwy ei pheintio'n frown a melyn
A thynnu'i chwt yn syth fel pigyn!

Pam mae moch ar draeth y Rhyl
Wedi dechrau teimlo'n swil?
Am fod merch o Bontybotgin
Wedi gweiddi, "Maen nhw'n **borcyn!**"

Rhodri a Catrin Lawton, Ysgol Iolo Morganwg

I BLE MAE MOCH YN MYND AR EU GWYLIAU?
ABER-SOCH-SOCH!
IFAN GWYN, YSGOL PEN BARRAS

Beth yw mochyn sy'n gwneud carate?
Porc tsiop!

Deio Ifan,
Ysgol Gynradd Llandysul

DEFAID!

Beth mae dafad yn rhoi ar dost?
Meeenyn!

Beth mae dafad yn rhoi ar
dost a menyn?
Mêêêl!

I ble mae defaid yn hoffi mynd ar
eu gwyliau?
Dwbaaai!

I ble yng Nghymru mae defaid
yn hoffi mynd ar eu gwyliau?
Baaala!

I ble mae dafad yn mynd i dorri gwallt?
At y baaaarbwr!

Pa fis mae dafad yn cael ei phen-blwydd?
Meeehefin!

Hanna Medi Lewis, Ysgol y Dderwen

Roedd cant o ddefaid mewn cae. Aeth un ddafad i gae arall. Faint oedd ar ôl?
Dim un — mae defaid yn dilyn ei gilydd!

Heledd a Rhiannon Jones, Peniel, Caerfyrddin

Pam groesodd y ddafad yr hewl?
I fynd i'r wers baaale!

Elin, Ysgol Cynwyd Sant

Beth yw dafad heb goese?
Cwmwl!

Manon, Ysgol Llangadog

Beth yw hoff fwyd dafad?
Meeefus!

Beth wyt ti'n galw dafad
sy'n hoffi siocled?
Mars baaa!

LLIWIAU

Beth sydd…

… yn ddu a gwyn, du, gwyn, du, gwyn?
Pengwin yn rowlio i lawr y bryn.

… yn ddu a gwyn ar wyth olwyn?
Pengwin yn sglefrolio.

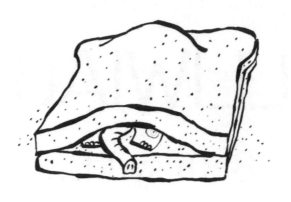

... yn wyn tu fas, yn llwyd yn y canol ac yn drwm ar y stumog?
Brechdan eliffant!

... yn goch, yn fawr a bron â byrstio?
Eliffant yn dal ei anadl!

... YN GOCH AC YN MYND LAN A LAWR? MEFUS MEWN LIFFT!

... yn wyrdd ac yn mynd lan a lawr?
Bresych mewn lifft, wrth gwrs!

… yn ddu a gwyn a phinc?
Sebra wedi llosgi yn yr haul!

… yn ddu a gwyn a glas?
Sebra yn yr Arctig!

… yn binc ac yn fflyffi?
Fflwff pinc!

… yn goch ac yn
eistedd mewn
cornel?
Mefusen ddrwg!

… yn felyn a du, a smotiau coch?
Llewpard â brech yr ieir!

… yn wyrdd, yn hir ac yn dweud 'ththth'?
Neidr â lithp!

… yn goch ac yn crynu mewn pram?
Jelly baby!

… yn goch, gwyn a gwyrdd, a gwlyb?
Mistar Urdd mewn pwll nofio.

… yn goch, gwyn a gwyrdd, ac oer?
Mistar Urdd mewn rhewgell!

… yn llwyd, wedyn yn troi'n wyn? Llygoden mewn rhewgell!

… yn wyn ac yn sili?
Sil ffenest!

… yn ddu, yn felyn ac yn beryglus? Jac-do yn dal gwn mewn bowlen o gwstard!

… YN DDU A GWYN AC YN MYND I FYNY AC I LAWR, I FYNY AC I LAWR? PENGWIN AR DRAMPOLÎN!

… yn ddu a gwyn ac yn mynd lan a lawr?
Panda mewn lifft!

Huw Jones, Ysgol Felinfach

… yn felyn ac yn mynd rownd a rownd?
Banana mewn peiriant golchi!

Tegan Llio Roberts, Ysgol Gynradd Machynlleth
Siwan Aled, Ysgol Gynradd Carmel

… YN FELYN AC YN BERYGLUS? SIARC MEWN CWSTARD!
ERIN ALED, YSGOL O.M. EDWARDS

… yn wyn, yn oer ac yn chwerthin?
Hufen ia, ha, ha!

Rvaraidh Gruffydd, Ysgol Pencae

… yn frown, yn flewog ac yn pesychu?
Coconyt wedi dal annwyd!

Brengain Glyn Williams, Y Felinheli

Beth yw hoff liw Mistar Urdd? Gw-urdd!

TI'N JOCAN

Mae ei cheg mor fawr gallai fwyta banana ar ei ochor!

Mae ei cheg mor fawr gallai ganu deuawd â hi ei hunan!

Newyddion da:
Cefais bysgodyn aur ar fy mhen-blwydd.
Newyddion drwg:
Rhaid i fi aros tan y Nadolig i gael y bowlen i'w ddal!

W, mae'r cnau 'ma'n flasus.
Dwi ddim yn hoffi cnau.
Pam brynest ti nhw, 'te?
Wel, pan brynes i nhw roedd siocled arnyn nhw!

Roedd fy mam-gu yn wrach. Roedd hi'n medru troi'r car i mewn i goeden!
Morgan, Ysgol Brynsierfel, Llwynhendy

Ydych chi'ch dwy yn efeilliaid?

Na.

Ry'ch chi'n edrych yn debyg iawn i'ch gilydd. Beth yw'ch enwau chi?

Bethan Jones a Sara Jones.

Ond y'ch chi'n perthyn?

Ydyn.

Pryd mae'ch pen-blwyddi chi, 'te?

Ionawr yr 8fed.

Ond, rydych chi'n edrych yn debyg, yn perthyn i'ch gilydd, mae'ch pen-blwydd chi ar yr un diwrnod a dy'ch chi ddim yn efeilliaid!

Na, mae Mair, y dripled arall, adre'n sâl!

Diolch i ti am y brwsh toilet ges i ar fy mhen-blwydd. Ond mae e'n brifo lot mwy na phapur tŷ bach, on'd yw e?

Roedd Wil y Bwtsiwr yn 10 troedfedd 5 modfedd o daldra, roedd ganddo fola mawr tew a maint ei draed oedd 14. Beth oedd e'n pwyso? Cig!

Kate Angharad Williams, Ysgol Gymraeg Aberystwyth

42

CWESTIYNAU MAWR BYWYD

Pam mae CYLCH bocsio yn SGWÂR?

Pa mor fawr fyddai'r môr petai 'na
ddim *sponges* yn byw ynddo?

Beth yw MAP y ffordd anghywir?
PAM?

Pa fis sydd â 28 diwrnod?
Pob un!

Sut wyt ti'n gwneud i amser hedfan?
Taflu cloc o un lle i'r llall!

Beth mae defaid yn
cyfri pan dy'n nhw
ddim yn gallu cysgu?

Sut y'ch chi'n stopio ci rhag
cyfarth yn yr ardd ffrynt?
Mynd ag e i'r ardd gefn!

Pam mae pysgod yn byw
mewn dŵr hallt?
Bydde pupur yn gwneud
iddyn nhw disian!

**BETH SY'N MYND I FYNY
OND BYTH YN DOD I LAWR?
DY OED!**

Beth sy ddim ond yn
gwenu un waith?
Gwen-un-en!

Beth sy'n sownd yn y gornel ond yn
gallu mynd o gwmpas y byd?
Stamp!

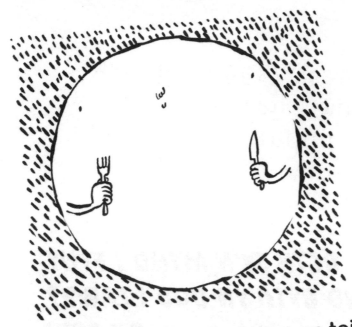

**Pryd dyw'r lleuad ddim yn teimlo'n llwglyd?
Pan mae'n llawn!**

Beth mae enillwyr ras
yn ei golli?
Eu gwynt!

Sut mae pysgodyn yn
pigo'i drwyn?
Efo *fish finger*!

Ydy hi'n bosib bwyta cawl â barf?
Ydy, ond mae'n well defnyddio llwy.

Beth ti'n galw plismon o Lanberis?
Copa'r Wyddfa!

Glesni Rhys Jones, Ysgol Gynradd Bodedern

Pa fath o ddawns ydych chi'n neud ar drampolîn?
Hip-hop!

Pwy sy'n gallu neidio'n uwch nag adeilad 10 llawr? Pawb! Dyw adeilad ddim yn gallu neidio!

Sut ydych chi'n cael gwared ar fwmerang? Ei daflu fe i lawr stryd un-ffordd!

Pryd mae 5 a 5 yn neud 11?
Pan chi'n dwp!
Alwen Morris, Ysgol Llangwyryfon

Sut mae sillafu trap llygoden mewn tair llythyren?
C A TH!
Celt John, Ysgol Gynradd Brithdir

Sut wyt ti'n gwneud i fwyd beidio pydru?
Ei fwyta!
Marged Elin Roberts, Ysgol Syr Hugh Owen

GRUFF: BLE GEST TI DY ENI?
DYLAN: MEWN YSBYTY.
GRUFF: O, BETH OEDD YN BOD ARNAT TI?!

Sut mae'r tŷ 'ma mor gynnes?
Mae wedi cael tair côt o baent!

Beth sy heb ddwylo na
thraed, na phen na chorff,
ond yn gallu agor drws?
Gwynt!

Egluro Gêm o Griced

- Mae dau dîm – un MAS ar y cae, a'r llall MEWN.

- Mae pob dyn sy ar yr ochor sy MEWN yn mynd MAS.

- Pan mae e MAS, mae'n dod MEWN.

- Ac mae'r dyn nesa yn mynd MEWN, nes bo fe MAS.

- Pan mae pawb MAS, mae'r tîm sy 'di bod MAS ar y cae yn dod MEWN, ac mae'r ochor sy 'di bod MEWN yn mynd MAS, a cheisio cael y rhai sy'n dod MEWN... MAS!

- Weithie chi'n cael dynion sy'n dal MEWN a ddim MAS.

- Wedyn pan mae'r ddau dîm wedi bod MEWN, a MAS, a MAS a MEWN (gan gynnwys y rhai sydd ddim MAS), dyna ddiwedd y gêm.

SYML!

PAID Â SIARAD YN WIRION

Dynes yn cerdded i mewn i siop, ac yn gofyn, "Ga i baced o fisgedi os gwelwch yn dda?"
Dyn y siop yn ei hateb, "Dim ond Ryvita sydd yma, sori."
Dynes: "Mae'n iawn, rhai i fyta dwi isie!"

Dyn yn cerdded i mewn i siop ac yn gofyn, "Ydych chi'n gwerthu gwenyn?"
"Na, mae'n ddrwg gen i. Siop fara yw hon."
"Ond mae llwyth ohonyn nhw yn y ffenest!"

Plentyn 1: Ti 'di clywed am y Suez Canal? Wel, Dadi gloddiodd e.

Plentyn 2: Ti 'di clywed am y Môr Marw? Wel, Dadi laddodd e!

Ych, mae lympiau yn y finegr 'ma! Nag oes, jar o bicls sy gyda ti!

Cymro yn dweud: Cafodd fy mab ei eni ar Fawrth y cyntaf, felly penderfynes ei enwi'n Dewi.

Gwyddel: Cafodd fy mab i ei eni ym mis Mawrth hefyd, felly penderfynes i ei enwi ar ôl ein nawddsant, sef Padrig.

Sais: Cafodd fy mab i ei eni ym mis Mawrth hefyd a rhoddais i enw Cymraeg arno.

Cymro: O? A beth yw enw dy fab di?

Sais: Crempog!

Ga i docyn trên i Abertawe, plis?
Dyma £10 i chi.

£5 yw pris y tocyn. Newid yn stesion
Caerfyrddin.

Na, dwi isie'r newid nawr, plis!

Athrawes: Twm, ti'n hwyr.
Roeddet ti fod 'ma hanner
awr 'nôl.
Twm: Pam? Dwi 'di colli
rhywbeth?!

Athrawes: 10 afal mewn
un llaw a 10 yn y llall.
Jac, beth sydd gyda fi?
Jac: Dwylo mawr, Miss!

Mam, mae dyn wrth y drws yn casglu ar gyfer pwll nofio newydd.

Wel, cer i nôl glasied o ddŵr iddo fe, 'te!

Dyn 1: Faint o'r gloch mae'r bws yn mynd i'r dre?
Dyn 2: Mae un yn mynd bob chwarter awr.
Dyn 1: Pryd mae'r un nesa'n mynd?
Dyn 2: Mewn rhyw ugain munud!

Dwi wrth fy modd yn torheulo.

A fi. Gallwn i orwedd yn yr haul trwy'r dydd a'r nos!

Ti'n fy atgoffa i o'r môr.

Pam?

Ti'n neud fi'n sâl!

Roedd bachgen yn tynnu wynebau yn y dosbarth a chafodd ei ddal gan yr athrawes.

"Os byddi di'n neud hynna a'r gwynt yn newid cyfeiriad, bydd dy wyneb di'n aros fel'na!" meddai'r athrawes.

"Dyna beth ddigwyddodd i chi, ie, Miss?!" gofynnodd y bachgen.

Ioan Higgins, Ysgol Gymraeg y Fenni

Athro piano: Ych, mae dy fysedd di'n frwnt, Twm.

Twm: Sdim ots. Dim ond y nodau du fydda i'n chwarae!

Cafodd hen fenyw gath a enwodd yn Helynt. Un diwrnod aeth y gath ar goll, felly, y noson honno, aeth yr hen fenyw allan i chwilio amdani.

"Beth yn y byd ydych chi'n neud amser hyn o'r nos?" gofynnodd plismon iddi.

"Dwi'n chwilio am Helynt!" atebodd.

Alaw Haf O'Rourke, Ysgol Gymraeg Aberystwyth

Sam: Syr, fyddech chi'n cosbi rhywun am **beidio** gwneud rhywbeth?
Athro: Na fyddwn, wrth gwrs.
Sam: Wel, dwi ddim wedi gwneud fy ngwaith cartre!

Jac: Mam, dwi ddim isie mynd i'r ysgol heddi. Dwi'n sâl.
Mam: O, Jac bach. Ble wyt ti'n sâl?
Jac: Yn yr ysgol!

Athro: Dai, alli di enwi 6 peth sy'n cynnwys llaeth?
Dai: Ym, caws, iogwrt, hufen… a thair buwch!

Dil: O, mae 'nhraed i'n oer.

Del: Wel, rho nhw o dan y blancedi 'te.

Dil: Paid â bod yn sili. Dwi ddim isie traed oer fel 'na yn y gwely!

Sioned: Mam, pam mae dŵr y môr yn hallt?

Mam: Dwi ddim yn siŵr iawn.

Sioned: Mam, pam mae eira'n wyn?

Mam: Dwi ddim yn siŵr iawn.

Sioned: Mam, beth sy'n neud mellten?

Mam: Dwi ddim yn siŵr iawn.

Sioned: Mam, oes ots 'da ti 'mod i'n holi'r holl gwestiynau 'ma?

Mam: Dim o gwbwl, Sioned. Os nad wyt ti'n gofyn, wnei di byth ddysgu!

Ifan: Mam, ydw i'n werth y byd?

Mam: Wrth gwrs, Ifan bach.

Ifan: Ga i ddwy bunt i brynu comic 'te, plis?

CERDDI DWL

Aeth sebra bach streipiog o'r Bermo
Ar drot yr holl ffordd i Landudno,
Wedi cyrraedd y fan
Roedd yn teimlo'n reit wan.
Gorweddodd, a cherddodd pawb drosto!

Mae gen i gefnder o'r enw Ron
Sy'n meddwl o ddifri ei fod o yn sgon.
Mae o'n hollol boncyrs, ddwedwn i,
Am mai nionod yw pawb yn ein teulu ni.

Roedd dyn o'r enw Arwel,
Siaradai braidd yn dawel.
Un diwrnod yn y Glais
Fe gollodd ei lais
A dwedodd ".........................."!

CERDDI DWL
DEWI PWS

Fe gollodd hen ŵr o Grucywel
Ei wraig e, yn Tescos Llansawel.
"Ma hi nawr yn y ne'."
Gyda gwên, medde fe
"Bydd y daith 'nôl sha thre lot mwy tawel!"

'Nes i ocsiwn i gyd yn Gymraeg.
Ges i bunt am hen lun Siôr a'r ddraig,
A dwy am y ci,
Can mil am y tŷ,
A *forty-nine p* am y wraig.

Ralïwr whit-what oedd Keith,
Yn gyrru ar y dde yn lle'r chwith.
    Yn nhre Castell Nedd
    Ar ôl crash, aeth i'w fedd,
Ac fe'i claddwyd heb ffŷs 'under Neath!'

Yn America, tŷ bach yw jon
A ches gyngor gan f'ewythr Ron:
    "Gwnewch limrig bob dydd
    I'ch cadw chi'n rhydd…"
A 'na pam sgrifennes i hon!

Fe agorodd John botel o win
I anghofio ei wraig fawr a blin,
    Fe yfodd y cwbwl,
    Yna dechre gweld dwbwl –
Mae 'na ddwy yno nawr yn lle un!

DYDDIADUR WYTHNOS – A PHUM EILIAD

(yn ôl rhai pobol, pum eiliad yw cof pysgodyn aur)

Dydd Sul, dydd Llun, dydd Mawrth
Mi es rownd y byd am dro,
Dydd Mercher, dydd Iau, dydd Gwener
Mi wnes yr un peth 'to.
Dydd Sadwrn es i rownd y ffordd arall
Rhyw unwaith neu ddwywaith neu dair,
Saith diwrnod yn llawn o ddifyrrwch
Yn nyddiadur pysgodyn bach aur.

Dydd Gŵyl y Banc

Bydde'n well 'da fi orwedd dan *German tank*
Na bod yn Nhresaith ar ddydd Gŵyl y Banc.
Ma'r lle'n llawn o Brummies, Geordies a Jacks
A menywod Treforys a'u chwech *lager–packs*.
Maen nhw'n eistedd trwy'r dydd yn siarad â'u cŵn,
A'u teganau digidol yn cadw sŵn.
Mae'r pentre fel syrcas yn llawn dop o *freaks*
Gyda'u radios a'u *jetskis* a'u plant yn llawn *cheeks*,
Trôns nofio Britannia a *deck-chairs* San Siôr
A chwyno bob munud fod y dŵr yn rhy ôr,
Parcio 'mhob man ar leins melyn dwbwl
A chael tocyn dwyieithog a gwên am eu trwbwl,
Gorlenwi y Ship gyda'u gweiddi a'u stŵr
Ac yfed y dablen sy'n fawr gwell na dŵr,
Talu crocbris am pizza a chips wedi'u rhewi,
Mae'n Dachwedd bron iawn cyn i'n pentref ni dewi.

Rwy'n meddwl symud i Brighton ar Ŵyl y Banc
Gyda llond bws o fwncïod o'r sŵ,
A chael pleser o'r mwya 'da'r Saeson bach neis
Wrth wneud yr un peth iddyn nhw!

'MOND JÔC!

Pa fath o bwdin sy'n dod 'nôl o hyd? Bwm-myráng!

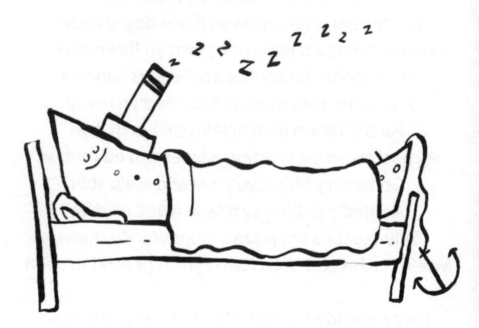

Ble mae llong yn mynd i gysgu? Ar wely'r môr!

Pa gêm yw'r fwyaf afiach?
Pêl-droed – rhaid i chi ddriblo o hyd!

Pa fath o fyráng sydd i'w
weld mewn Coedwig?
Myráng–wtáng!

Pa fath o wallt sy gan y môr?
Wêfi!
Huw Morgan Griffith, Ysgol Llanfairpwll

Pa dref yw'r dawelaf?
Abertawel!

Pa ddillad ddylai tost wisgo?
Py-jam-as!

Ble mae Barbie yn mynd
ar ei gwyliau?
Dol-gellau!

Ble mae'r lle mwya taclus
yng Nghaernarfon?
Twt-hill!

Ble mae Martin?
Ma'r tin corn bîff yn y cwpwrdd!

Beth gei di os wyt ti'n:

croesi eliffant a changarŵ?
Tyllau mawr yn Awstralia!

croesi ceiliog a chi bach blewog?
Cocapwdldŵ!

croesi ditectif a chacen Nadolig?
Mins sbei!

Pa dîm pêl-droed sy'n blasu'n dda?
Aston Fanila!

**PA DÎM PÊL-DROED SY'N
CUDDIO O DAN GRYS?
FEST HAM!**

*Pa dîm pêl-droed sy byth yn cadw sûn?
Abertawel!*

Pa dîm pêl-droed sy'n
felyn ac yn fflwfflyd?
Cyw P.R.

Pa dîm pêl-droed
sy'n taflu eu cit
dros y llawr?
Blêrpwl!

Pa anifeiliaid yw'r rhai mwya rhyfedd
yn Stori'r Geni?
Y camel-od!

Dad, ydy pobol drws nesa yn dlawd iawn?
Na, pam wyt ti'n gofyn hynny?
Wel, roedd 'na ffŷs ofnadwy pan lyncodd y
babi geiniog!

Sut mae stopio Siôn Corn rhag baglu ar y grisiau ar Noswyl Nadolig?
Prynu byngalo!

AR BA DROED WYT TI'N GWISGO HOSAN NADOLIG? AR DROED Y GWELY!

Ych, mae 'na wybedyn yn y pwdin 'ma.
Paid poeni. Dyw gwybedyn ddim yn mynd i fwyta lot!

BETH YN Y BYD?!

Beth sy'n fwy pan mae e
ben i waered?
Y rhif 6!

BETH SY'N GADAEL I CHI
GERDDED TRWY WALIAU?
DRYSAU!

Beth sydd byth yn gofyn
cwestiwn ond rhaid i chi ei ateb?
Y ffôn!

Beth sy'n digwydd pan mae wy
yn chwerthin?
Mae'n craco lan!

Beth sy'n tyfu o dan drwyn tarw?
Mwwwstásh!

Beth wyt ti'n galw jac codi baw cyfeillgar?

Jac codi llaw!

Enlli Tudur, Corwen

Beth mae un wal yn dweud
wrth y wal arall?
Wela i di rownd y gornel!

Beth yw hoff fath o gerddoriaeth cyfrifiaduron?
Disg-o!

Beth wyt ti'n galw peiriannydd gwael o'r Eidal?

I-van-o Ditorri!

Beth wyt ti'n galw boi efo tarw Saesneg ar ei ben?
Penbwl!

Beth yw hoff fwyd lladron?
Bîff byrglars!

Beth sy'n rhedeg ond
ddim yn symud?
Tap.

Beth arall sy'n rhedeg ond
ddim yn symud?
Trwyn!

Be sy'n mynd ha, ha, plonc?
Dyn yn chwerthin ei ben i ffwrdd!
Sara Llwyd, Ysgol y Dderwen

Beth ddwedodd y goleuadau
traffig wrth i'r ceir aros?
Peidiwch edrych – dwi'n newid!
Talfan Jenkins, Ysgol Gynradd Arberth

Beth wyt ti'n galw postman o'r Iseldiroedd? Vincent fan Goch.

Benjamin Misell, Ysgol y Berllan Deg

Beth wyt ti'n galw dyn tân o Rwsia?
Ifan Watsia-losgi!

Siôn Emyr Thomas

Beth wyt ti'n galw tylwythen deg sydd byth yn golchi?
Stinkerbell!

Carys Morgan, Ysgol Pontybrenin

Beth wyt ti'n galw dyn llaeth o'r Eidal?
Toni Torri-boteli!

Beth ddwedodd y O wrth yr 8?
Ble gest ti'r belt 'na?

Efa Jones, Ysgol Glantwymyn

Beth yw hanner 8?
Wel, hanner 8 i fyny ac i lawr yw 3
a hanner 8 ar draws yw O!

Beth wyt ti'n galw sosej sy'n
rowlio i lawr y rhiw?
Sosej rôl!

Enfys Morris, Ysgol Llangwyryfon

**Beth wyt ti'n galw arth
gyda bom drewdod?
Winnie the Pooh!**

Beth wyt ti'n galw dynes
ffortiwn o Siapan?
Mrs Idish-i-do!

Beth wyt ti'n galw cyn-feirniad
X Factor sydd ddim yn hoffi sŵp?
Sai-moyn Cawl!

Beth wyt ti'n galw pum potel o lemonêd?
Grŵp pop.

Beth sydd â 30 o draed ac yn
gwneud sŵn crynsh, crynsh?
Tîm rygbi yn bwyta creision!
Bethan Jones, Ysgol y Bannau

Beth sy'n anweledig ac
yn arogli fel banana?
Anadl mwnci!

Beth sy'n mynd lan a lawr
ond ddim yn symud?
Grisiau!

Beth sy'n gwlychu
wrth iddo sychu?
Tywel!

Beth sy'n dilyn y llythyren 'a'?
Y llythrennau eraill i gyd!

Beth yw enw'r pry cop
cyflymaf erioed?
Corryn Jackson!

Llinos Evans, Ysgol Syr Thomas Jones

ANIFEILIAID

Pa ddeinosor oedd byth yn
cael bath?
Brwntosorws!

Pa gath sy'n gallu barddoni
a gwneud swynion?
Dewin Pws!

Beth oedd y falwen yn neud ar yr M4?
Tua 5 centimetr yr awr!

Beth mae llew yn ei fwyta
mewn caffi?
Y cwsmeriaid!

Pam mae gan eliffant drwnc mawr?
Mae'n rhatach na dau gês bach.

Beth sy mor fawr ag eliffant
ond yn pwyso dim?
Ei gysgod!

Sut wyt ti'n gwybod bod
eliffant wedi bod yn y ffrij?
Mae ôl ei draed yn y menyn!

Sut wyt ti'n gwybod bod llygoden
wedi bod yn y ffrij?
Does dim bwyd ar ôl yno!

Pam wnaeth yr iâr groesi'r lôn?
I fynd i'r ochr arall!

Pam wnaeth y ceiliog groesi'r lôn?
I fynd at yr iâr!

Pam wnaeth y gwm cnoi groesi'r lôn?
Roedd o'n sownd i droed y ceiliog!

Pam mae gwddwg hir gan jiraff?
Am fod ei draed yn drewi!

Elliw, Ysgol Manod

Beth mae pengwins yn hoffi
gwisgo yn yr haf?
Flipper-flops!

**Beth mae buwch yn bwyta ar ben mynydd?
Mwwwsog!**

*Teleri, Ysgol Manod
Bedwyr Gruffydd, Ysgol Pentrecelyn*

**Beth sy'n dilyn
deinosor drwy'r dydd?
Ei gynffon!**

Beth yw'r gwahaniaeth
rhwng eliffant a llygoden?
Tria di eu cario nhw!

Owain Siôn Williams, Ysgol Pontyberem

*Beth mae eliffantod yn
chwarae yn y car?
Sgwash!*

Sut wyt ti'n cael jiraff i mewn i'r oergell?
Agor y drws a'i wthio fe i mewn.

Sut wyt ti'n cael eliffant i mewn i'r oergell?
Tynnu'r jiraff allan a gwthio'r eliffant i mewn!

Roedd brenin y jyngl am gynnal cyfarfod.
Pa anifail oedd yn absennol?
Yr eliffant – roedd e'n dal yn yr oergell!!

Swyn Melangell Hughes, Ysgol Dinas Mawddwy

Roedd deg tarw yn y cae ac fe wnaeth dau farw. Faint oedd ar ôl?
Deg. Dai oedd enw'r ffarmwr!

Alaw Fflur Jones, Ysgol Felinfach

Beth yw hoff gêm crocodeil?
Snap!
Dafydd Siôn Jones, Ysgol Gymraeg Gwaelod y Garth

Beth yw hoff fwyd brân?
Bran fflêcs!
Aneurin, Ysgol y Wern

Beth wnaeth y pry copyn
ar y cyfrifiadur?
Gwefan!

Beth yw hoff fwyd adar bach?
Tweetabix!
Sara Llwyd James, Ysgol y Dderwen

Ci 1: Wff wff!
Ci 2: Wff. Miaw!
Ci 1: Miaw?
Ci 2: Dwi'n dysgu iaith arall!

Beth ddwedodd y fuwch
wrth aros mewn ciw?
Mwwwf it!

Beth mae buwch yn
bwyta i frecwast?
Mwwwsli!

Pam oedd y pryfyn ar yr
hufen iâ?
Isie dysgu sgio!

Beth mae tylluan yn gwisgo yn y gaeaf?
Hwdi-hŵ!

Pam mae adar yn hedfan i wledydd poeth dros y gaeaf? Mae'n rhy bell i gerdded!
Gwenllian Evans, Ysgol Gymraeg Pwll Coch

Beth mae gwartheg yn hoffi ei wneud ar nos Sadwrn? Mynd i'r mwwwfis!

Beth yw hoff
ddiod gwartheg?
Smwwwddi!

Beth wyt ti'n galw gorila sy'n
gwrando ar iPod?
Unrhyw enw dan haul, dyw e ddim
yn dy glywed di!

**Pa gath sy'n
hoffi byw yn y
môr?
Octo-pws!**

PAM, MAM?

Pam aeth Mickey Mouse
i'r gofod, Mam?
I chwilio am Pluto.

Pam wnaeth y bachgen roi ei
ben yn y tostiwr?
I gael pen tost!

Elis Dafydd, Ysgol Cerrigydrudion

Pam roddodd Tigger ei ben
i lawr y tŷ bach?
I chwilio am Pooh!

Bess Roberts, Ysgol Nefyn

Pam dyw car ddim yn chwarae
pêl-droed?
Dim ond un bŵt sydd ganddo!

Pam aeth y banana i'r gampfa?
I neud banana splits!

Mabli Jones, Ysgol y Bannau

Pam mae'r ferch yn canu ar
ben cadair, Mam?
I gyrraedd y nodau uchel!

**Pam ei bod hi mor wyntog mewn
gêmau pêl-droed?
Oherwydd yr holl ffans!**

Pam aeth y Maltesers i'r coleg?
Ro'n nhw isie bod yn Smarties!

**Pam nad oedd y bacwn a'r wy yn
siarad â'i gilydd?
Ro'n nhw wedi ffrio!**

Pam roedd un o'r doethion yn sibrwd?
Roedd e'n hoffi myrr-myrr!

Pam mae'r chwaraewr golff yn
gwisgo dau bâr o drôns?
Rhag ofn iddo gael twll-mewn-un!

Pam mae'r cyfrifiadur yn
gwichian, Mam?
Rwyt ti'n sefyll ar y llygoden!

Pam aeth y ceffyl
dros y bryn?
Doedd e ddim yn
gallu mynd trwyddo!

Pam wyt ti'n mynd â'r pren
mesur i'r gwely?
I weld pa mor hir dwi'n cysgu!

**Pam dyw canibaliaid ddim yn
bwyta dynion tywydd?**

Maen nhw'n rhoi gwynt iddyn nhw!

Am restr gyflawn o lyfrau'r Lolfa, mynnwch
gopi am ddim o'n catalog
neu hwyliwch i mewn i'n gwefan

www.ylolfa.com

lle gallwch archebu llyfrau ar-lein.

TALYBONT CEREDIGION CYMRU SY24 5HE
ebost ylolfa@ylolfa.com
gwefan www.ylolfa.com
ffôn 01970 832 304
ffacs 832 782